Aperitivos

BLUME

Contenido

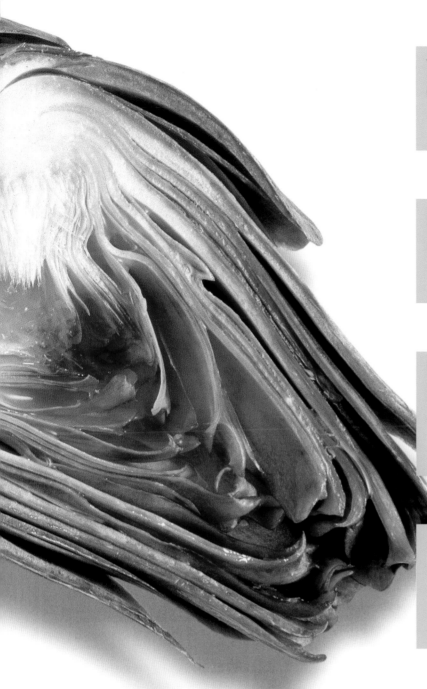

Variedad infinita
Los ingredientes típicos

Los aperitivos deben abrir el apetito y alentar la expectativa sobre las delicias culinarias que vendrán. Cada país tiene su propia tradición en lo que concierne a los aperitivos, en los que los ingredientes autóctonos con los que se cuenta desempeñan un papel importante. La oferta de aperitivos es muy variada y no se limita únicamente a ensaladas y bocaditos. Los aperitivos clásicos aportan a la mesa los platos italianos: a éstos pertenecen los siempre solicitados tomates con mozzarella, el *vitello tonnato* y el *carpaccio*. Pero los restantes países mediterráneos no se quedan cortos con sus ensaladas de marisco, hojas de parra rellenas y aceitunas. Y, por supuesto, los franceses destacan por su pasión por la mousse de pescado y las delicadas alcachofas. No se debe olvidar las variantes exóticas de los rollitos de papel de arroz provenientes de Asia y las enchiladas de México.

1

Los **LANGOSTINOS** y las quisquillas, de menor tamaño, adquieren su color rosado durante la cocción. Frescas son de color grisáceo. Se pueden comprar congeladas o cocidas.

1 Los **PIMIENTOS** son especialmente ricos en vitamina C. Además de los pimientos suaves de color amarillo, los afrutados de color rojo y los de color verde y sabor más fuerte, también existen nuevas variedades de color naranja o violeta.

2 La **ROQUETA** se cultiva en la zona mediterránea. Esta hierba tiene un delicado aroma que recuerda a las nueces y un ligero toque picante, por lo que es especialmente apreciada como ensalada.

3 Las **JUDÍAS BLANCAS** tienen un alto contenido de proteínas. Puede encontrarlas de muchos tamaños, como las pequeñas judías haricot, las grandes judías mantequeras o las de tamaño mediano, especialmente apreciadas en Italia y España.

4 El **JAMÓN** es internacional. La oferta abarca desde el jamón serrano e ibérico español hasta el italiano jamón de Parma, pasando por el jamón alemán de la Selva Negra.

5 Los **CANÓNIGOS** se recogen entre el otoño y la primavera. Si son de cultivo natural tienen un contenido especialmente alto en nutrientes.

6 Los **ACEITES Y VINAGRES** integran, junto con el aceite de oliva virgen y el oscuro vinagre balsámico, la despensa básica de cualquier casa. La paleta aún puede ser más variada: aceite de nueces, de semilla de calabaza, de cardo o vinagres de frambuesa, de vino blanco o de cava.

7 Las **ACEITUNAS Y EL QUESO DE CABRA**, solos o conservados con hierbas y aceites, son especialmente frecuentes como aperitivos en los países cálidos.

Las **ALCACHOFAS** son parientes de los cardos. Para poder llegar a la parte comestible (un 20 %), esto es, el corazón y la parte carnosa de las hojas, hace falta un cierto esfuerzo. Hace tiempo las alcachofas eran una especialidad cara, pero hoy en día son asequibles para todos.

La **ENDIBIA** es un descubrimiento de los belgas. Los tiernos brotes de esta planta crecen en la más absoluta oscuridad hasta formar una verdura para ensalada de color blanco y sabor delicadamente amargo. Cuanto más verde sea, mayor habrá sido su exposición a la luz y más amargo será su sabor.

Las **HIERBAS** son la guinda para cualquier ensalada, para aderezos o escabeches, o simplemente como decoración. Son ricas en vitaminas y nutrientes y despiertan el apetito. Además de las más populares como el perejil, el cebollino y el eneldo, también se encuentran disponibles la albahaca, el cilantro, la menta, el romero y el tomillo.

La **CHIRIVÍA** es un tubérculo que prácticamente ha caído en el olvido y tiene un gran contenido en almidón. En América, Inglaterra, Francia y Escandinavia es una hortaliza muy apreciada.

Paso a paso
Las técnicas culinarias más importantes

Los entrantes únicamente se convertirán en una delicia especial cuando se dé un auténtico valor al frescor y la calidad en el momento de la compra. Pero también durante la preparación se deben seguir unas reglas que garantizarán un resultado inmejorable. Casi todos los tipos de hortalizas, verduras y ensaladas deben limpiarse a conciencia para eliminar cualquier residuo de tierra. El lavado también es importante para eliminar sustancias contaminantes. El pelado es imprescindible en todas las raíces y tubérculos, y debe ser más fino cuanto más joven y tierna sea la verdura. En el caso de la verdura y la fruta que debe pelarse, no hay que cortar demasiado, ya que bajo la piel se encuentran una gran cantidad de vitaminas muy importantes. Para todos los ingredientes frescos, así como las hierbas, prevalece lo siguiente: cortar o picar con la menor antelación posible a su utilización para que la pérdida de vitaminas sea mínima. Muy útiles e indispensables en la preparación son los utensilios y las herramientas de cocina como los cuchillos, las batidoras eléctricas, batidoras de varillas, espumaderas, centrifugadora para lechuga y ralladores. Y por supuesto, toda casa debe contar con un surtido básico de aceites y vinagres, así como diversas especias.

Preparar salsa para ensaladas

1 Para una salsa elaborada con productos lácteos, mezcle yogur o crema agria con sal, pimienta y mostaza. Agregue unas gotas de zumo de limón.

2 Añada el aceite sin dejar de remover hasta obtener una salsa lisa y cremosa. Añada hojas de melisa finamente picadas.

3 Sustituya la melisa por otras hierbas picadas como perejil, albahaca o cebolla finamente picada.

Preparar gambas

1 Sostenga los langostinos o gambas por la cabeza y la cola y separe la cabeza de la cola con un movimiento giratorio. Presione la piel.

2 Cuando la piel se haya roto, ábrala por la parte inferior con ambas manos y saque la carne.

3 Con un cuchillo afilado haga un corte a lo largo del cuerpo y con la profundidad suficiente para acceder al conducto intestinal. Elimínelo con cuidado.

Pelar pimientos

1 Corte los pimientos por la mitad, elimine las semillas y lávelos. Colóquelos sobre una placa de hornear con la piel hacia arriba.

2 Encienda el grill e introduzca la placa en el centro del horno durante 15 minutos o hasta que se formen ampollas en la piel de los pimientos y ésta se oscurezca.

3 Cubra los pimientos con un trapo húmedo y déjelos enfriar un poco. Elimine la piel de los pimientos.

4 Corte los pimientos longitudinalmente en tiras anchas con un cuchillo afilado y, si es necesario, en cubos.

Rellenar alcachofas

1 Corte el tallo de las alcachofas y separe las hojas duras exteriores. Corte las puntas de las hojas restantes con unas tijeras.

2 Coloque las alcachofas verticalmente y golpéelas ligeramente con un ablandador de carne. Rellénelas con una mezcla de ajo y menta picados.

Preparar pesto

1 Separe las hojas de albahaca de los tallos, lávelas y séquelas; pele los ajos y píquelos finamente.

2 Ponga la albahaca, el ajo y los piñones en un mortero y májelos.

3 También puede triturar los ingredientes en una batidora. Cuando la salsa esté lisa, añada primero el parmesano y después el aceite.

4 Finalmente sale el pesto. Para conservarlo, viértalo en un frasco de rosca y cúbralo con un poco de aceite.

Verdura

Crudités
con mayonesa de naranja

Ardientemente deseado aunque se come frío: es imposible disfrutar de este entrante de crujientes hortalizas con un aderezo afrutado de forma más fácil y menos complicada.

Ingredientes

1 naranja o limón

1 diente de ajo

2 yemas de huevo

sal

1 cucharadita de **mostaza**

¼ de l de **aceite de girasol**

pimienta recién molida

1 kg de **hortalizas** (p. ej. hinojo, cebollas tiernas, pepinos, zanahorias, pimientos)

Preparación
PARA 4 PERSONAS

1 Lave la naranja o el limón con agua caliente, ralle la cáscara y exprima el zumo.

2 Pele el ajo y píquelo finamente.

3 Mezcle las yemas de huevo con sal, mostaza y dos cucharadas de zumo de naranja o limón con la batidora de varillas. Añada el aceite sin dejar de remover, inicialmente gota a gota y después en forma de hilo muy fino, hasta que la salsa esté cremosa.

4 Sazone la salsa con ajo picado, de media a una cucharadita de cáscara de naranja o limón, un poco de zumo de naranja, sal y pimienta.

5 Prepare y lave las hortalizas. Córtelas a cuartos, octavos o en tiras de 5 cm de longitud. Acompáñelas con la mayonesa de naranja.

La mayonesa de naranja aún será más fresca si le añade cinco cucharadas de hierbas (p. ej. perejil, perifollo, cebollino, acedera, berro, estragón o albahaca).

Tomates
con mozzarella y pesto

El clásico plato italiano ligeramente distinto: tomates madurados al sol,
un queso suave y la salsa verde italiana, que por una vez no acompaña a la pasta.

Ingredientes

20 g de **piñones**

100 g de hojas de **albahaca**

1 cucharada de **sal gruesa**

1 diente de **ajo**

2 cucharadas de **parmesano**
recién rallado

6 cucharadas de **aceite de oliva**

pimienta recién molida

2 cucharadas de **vino blanco seco**

4 **tomates** grandes

300 g de **mozzarella**

Preparación
PARA 4 PERSONAS

1 Para el pesto, tueste los piñones en una sartén sin grasa. Lave y seque las hojas de albahaca, y reserve unas pocas para la decoración.

2 Ponga los piñones, las hojas de albahaca y la sal en un mortero o en una batidora. Pele los dientes de ajo y añádalos.

3 Triture los ingredientes hasta formar una pasta y añada poco a poco y sin dejar de remover el parmesano y el aceite, hasta obtener una salsa lisa. Sazone el pesto con sal y pimienta y deslíelo con el vino.

4 Lave bien los tomates y elimine los tallos. Corte los tomates a rodajas. Si es necesario, escurra la mozzarella y córtela en rodajas no demasiado gruesas.

5 Disponga las rodajas de tomate y mozzarella alternadas y encabalgadas sobre cuatro platos. Distribuya el pesto sobre las rodajas y decore con las hojas de albahaca previamente reservadas.

Quien no tenga tiempo para preparar el pesto, puede servir los tomates y la mozzarella con una salsa de aceite de oliva, un poco de ajo, zumo de limón, sal y pimienta.

14

Canónigos
con lentejas y piña

Una ensalada nada común: los especiados canónigos, las delicadas lentejas rojas y una piña dulce y jugosa forman una combinación muy exótica.

Ingredientes

200 g de **lentejas rojas**

10 cucharadas de **aceite de oliva**

1 **escalonia** picada

1 diente de **ajo** picado

1 hoja de **laurel**

1 **calabacín**

sal

100 g de **canónigos**

4 cucharadas de **vinagre de vino**

blanco

pimienta recién molida

200 g de **piña** (pelada y cortada

en trozos)

1 cucharadita de **hierbas de**

Provenza

4 rebanadas de *baguette*

Preparación
PARA 4 PERSONAS

1 Ponga las lentejas en un colador, lávelas bajo el chorro del agua y déjelas escurrir. Caliente una cucharada de aceite en un cazo, añada la escalonia y el ajo y sofríalos hasta que estén transparentes.

2 Añada las lentejas y la hoja de laurel y sofríalas brevemente. Vierta 600 ml de agua y, en cuanto rompa el hervor, baje el fuego y deje hervir unos 30 minutos. Elimine el exceso de líquido y deje enfriar las lentejas.

3 Lave el calabacín, córtelo en lonchas finas longitudinales y luego en tiras de 1 cm de anchura. Escáldelas brevemente en agua hirviendo salada. Escúrralas, enjuáguelas con agua helada y déjelas escurrir.

4 Limpie, lave y centrifugue los canónigos. Mezcle el vinagre, siete cucharadas de aceite, la sal y la pimienta. Vierta unas gotas de esta salsa sobre el calabacín y los canónigos. Mezcle la salsa restante con las lentejas.

5 Prepare la ensalada de lentejas con el calabacín, la piña y los canónigos. Mezcle el aceite restante con las hierbas. Unte con ello las rebanadas de *baguette* y tuéstelas bajo el grill del horno hasta que estén doradas. Sirva las rebanadas de pan con la ensalada.

Si la prefiere un poco más picante, puede añadir a la mezcla de aceite y hierbas media cucharadita de chile rojo finamente picado sin las semillas, que puede repartir sobre el pan.

Ensalada de escarola
y roqueta con naranja y brotes

Amarga y fresca: dos notas de sabor convierten a esta crujiente ensalada en un refinado preludio a un menú festivo.

Ingredientes

1 escarola de Batavia pequeña

1 manojo de **roqueta**

2 **naranjas**

1 puñado de **brotes** variados

30 g de **queso gorgonzola** u otro

queso azul suave

1 cucharada de **crema acidificada**

2 cucharadas de **vinagre de vino**

blanco

sal

pimienta recién molida

2 cucharadas de **aceite de oliva**

2 cucharadas de **semillas de girasol**

Preparación
PARA 4 PERSONAS

1 Prepare, lave y centrifugue la escarola de Batavia y córtela en trozos del tamaño de un bocado. Limpie, lave y centrifugue la roqueta.

2 Pele las naranjas con un cuchillo afilado de manera que elimine la membrana blanca. Pele los gajos. Recoja todo el zumo que se pierda durante el proceso para preparar el aderezo.

3 Lave los brotes en un colador, déjelos escurrir y mézclelos con la escarola, la roqueta y los gajos de naranja.

4 Aplaste el gorgonzola con un tenedor. Añada la crema acidificada, el vinagre, la sal, la pimienta, el aceite y el zumo de naranja y bata con la batidora de varillas. Tueste las semillas de girasol en una sartén sin grasa.

5 Aliñe la ensalada en el momento de servirla, repártala en cuatro platos y distribuya encima las semillas de girasol.

En lugar de los gajos de naranja puede utilizar pomelo. La ensalada también resulta deliciosa con gajos de manzana o pera y con piñones tostados.

Ensalada de garbanzos
con hinojo y cebolla

Preparación
PARA 4 PERSONAS

1 Enjuague los garbanzos en el colador bajo el chorro del agua fría y déjelos a remojo toda la noche en agua fría.

2 Tire el agua en la que han estado los garbanzos y póngalos a hervir en 1½ l de agua. Déjelos cocer 90 minutos y escúrralos.

3 Limpie el hinojo y córtelo a tiras finas. Escáldelas en agua hirviendo salada durante unos 5 minutos, escúrralas en un colador y enjuáguelas bajo el chorro del agua fría.

4 Pele la cebolla y córtela a rodajas finas. Lave y seque el perejil. Separe las hojas de los tallos y píquelas finamente.

5 Mezcle el vinagre de vino blanco, el zumo de limón, el aceite, sal y pimienta. Mezcle los garbanzos, el hinojo, la cebolla y el perejil.

6 Añada el aderezo y mézclelo todo. Déjelo reposar y sírvalo.

Ingredientes

250 g de **garbanzos**

1 **hinojo**

sal

2 **cebollas rojas**

unas ramas de **perejil**

2 cucharadas de **vinagre de vino blanco**

1 cucharada de **zumo de limón**

6 cucharadas de **aceite de oliva**

pimienta recién molida

Ingredientes

aprox. 100 g de **almendras** enteras

(peladas)

200 g de **aceitunas verdes** (deshuesadas)

1 **pimiento rojo**

1 manojo de **perejil**

2 dientes de **ajo**

4 cucharadas de **aceite de oliva**

sal

pimienta recién molida

1 bolsa de **grisines**

Aceitunas maceradas
rellenas de almendra

Preparación
PARA 4 PERSONAS

1 Corte las almendras por la mitad y rellene las aceitunas. Divida el pimiento longitudinalmente, elimine las semillas, lávelo y córtelo en tiras finas.

2 Lave y seque el perejil. Separe las hojas de los tallos y píquelo groseramente.

3 Pele los dientes de ajo, píquelos y añádalos al aceite de oliva.

4 Mezcle el perejil, la sal y la pimienta al aceite con el ajo. Vierta esta mezcla sobre las aceitunas.

5 Añada el pimiento finamente cortado y mézclelo todo. Deje reposar las aceitunas durante dos horas como mínimo.

6 Sirva las aceitunas rellenas y maceradas con los grisines.

Hortalizas
maceradas con romero

El sabor perfecto: el gusto ligeramente ácido
del aliño se ve realzado por el romero.

Ingredientes

100 g de **judías blancas** secas

(remojadas en agua fría desde la

víspera)

1 hoja de **laurel**

1 **pimiento rojo** y 1 **amarillo**

100 g de **judías** tiernas

1 **calabacín**

3 cucharadas de **aceite de oliva**

2 dientes de **ajo**

1 **tomate**

1 cucharada de **zumo de limón**

1 cucharada de **vino blanco**

sal

pimienta recién molida

1 rama de **romero**

Preparación

1 Cueza las judías blancas previamente remojadas con la hoja de laurel de 1 y 1½ horas.

2 Precaliente el horno a 200 °C.

3 Prepare los pimientos, divídalos longitudinalmente y lávelos. Colóquelos en una fuente refractaria con la piel hacia arriba. Hornee las mitades de pimiento durante unos 35 minutos o hasta que la piel se chamusque y esté dorada. Cúbralos con un paño húmedo y déjelos que se enfrien ligeramente.

4 Pélelos con ayuda de un cuchillo afilado y córtelos en tiras. Recoja todo el jugo que pudiera haber quedado en la fuente.

5 Corte los extremos de las judías. Hiérvalas en agua salada de 8 a 10 minutos o hasta que estén al dente, escúrralas y enjuáguelas con agua fría. Lave el calabacín, córtelo en rodajas, fríalas en aceite por ambas caras hasta que estén crujientes y retírelas de la sartén. Pele los dientes de ajo, córtelos en láminas finas, fríalos en el aceite de la sartén hasta que estén crujientes y retírelos. Escalde los tomates, pélelos, saque las semillas y córtelos en trozos pequeños.

6 Añada el jugo de los pimientos, el zumo de limón y el vino blanco al aceite de la sartén y salpimiente la mezcla. Añada el tomate, el ajo y las hojas de romero. Mezcle bien las hortalizas y vierta la salsa por encima. Déjelas reposar por lo menos seis horas antes de servirlas.

22

Ensalada
de endibias con calabaza

Sencilla y refinada: esta novedosa combinación de verdura y ensalada
con aroma de melisa encantará a los paladares más delicados.

Ingredientes

2 endibias

200 g·de **calabaza**

150 g de **jamón serrano**

desgrasado

4 cucharadas de **aceite**

2 cucharadas de **zumo de limón**

sal

pimienta recién molida

unas ramas de **melisa**

Preparación
PARA 2 PERSONAS

1 Prepare las endibias, separe las hojas, lávelas y séquelas. Si es necesario, córtelas en diagonal y dispóngalas sobre los platos de forma decorativa.

2 Corte la calabaza en trozos del tamaño de un bocado. Corte el jamón en tiras. Si es necesario, elimine la grasa.

3 Mezcle el aceite con el zumo de limón y sazone con sal y pimienta. Mezcle la calabaza con el jamón y dispóngala sobre las endibias. Vierta el aliño por encima y decore la ensalada con la melisa.

Si en lugar de aceite utiliza aceite de semilla de calabaza, reforzará el delicado sabor de la calabaza. La endibia armoniza muy bien con gajos de naranja o con pera y queso azul.

Calabacines
rellenos de queso

Preparación
PARA 4 PERSONAS

1 Prepare los calabacines y corte los extremos. Divídalos longitudinalmente y vacíelos.

2 Pele la escalonia y píquela finamente. Pele el diente de ajo. Lave y seque el perejil. Separe las hojas de los tallos y píquelo finamente.

3 Mezcle el queso fresco con la escalonia y el ajo picados. Añada las semillas de eneldo y mézclelo todo bien. Sazónelo con sal y pimienta.

4 Rellene las mitades de calabacín con la mezcla de queso fresco y córtelas en trozos de unos 3 cm de longitud. Sírvalas decoradas con las flores.

Ingredientes

500 g de **calabacines**

1 **escalonia**

1 diente de **ajo**

2-3 ramas de **perejil**

250 g de **queso fresco**

1 cucharadita de **semillas de eneldo**

sal

pimienta recién molida

flores para decorar (p. ej. **borraja**, **capuchinas** o **berro**)

Ingredientes

Para la pasta:

200 g de **harina**

sal

50 g de **manteca**

Para el relleno:

250 g de **hortalizas** (p. ej. **zanahoria**,

apio, colinabo, calabacín)

150 g de **mayonesa**

sal

pimienta recién molida

un poco de **zumo de limón**

hierbas para decorar

Barquitas
con tártaro de hortalizas

Preparación
PARA 4 PERSONAS

1 Para las barquitas, ponga la harina, la sal y la manteca en un cuenco, añada entre 3 y 4 cucharadas de agua tibia y amase rápidamente hasta obtener una pasta homogénea. Déjela reposar en la nevera durante 30 minutos.

2 Precaliente el horno a 190 °C. Extienda la pasta con un rodillo y forre con ella moldes de barquitas. Pinche los fondos con un tenedor y hornee durante unos 15 minutos o hasta que las barquitas tengan un tono dorado claro.

3 Prepare, lave y corte las hortalizas en dados lo más pequeños posible. Mézclelas en un cuenco con la mayonesa y sazónelas con sal, pimienta y un poco de zumo de limón.

4 Llene las barquitas con el tártaro de hortalizas justo antes de servir y decórelas con distintas hierbas como cebollino o perejil.

Pimientos
rellenos de cuscús

Un toque oriental: los pimientos rellenos de cuscús y menta despiertan recuerdos sobre las mil y una noches.

Ingredientes

150 g de **cuscús** (precocinado)

2 **pimientos rojos** y 2 **amarillos**

1 **calabacín**

100 g de **aceitunas negras**

1 cucharada de **perejil** finamente picado

1 cucharada de **menta** finamente picada

1 cucharada de **zumo de limón**

4 cucharadas de **aceite de oliva**

sal

pimienta recién molida

Preparación
PARA 4 PERSONAS

1 Vierta el cuscús en ¼ de l de agua hirviendo, remuévalo y déjelo hervir de 5 a 10 minutos. Precaliente el horno a 180 °C.

2 Recorte longitudinalmente un tercio de los pimientos, límpielos, elimine las semillas y lávelos. Corte cada tercio en dados pequeños.

3 Lave el calabacín, corte los extremos y córtelo en dados pequeños. Mezcle los dados de calabacín y pimiento con las aceitunas y las hierbas. Mezcle el zumo de limón y dos cucharadas de aceite de oliva, salpimiente y añádalo a las hortalizas.

4 Mezcle el cuscús con cuatro cucharadas de la mezcla de hierbas y verduras y rellene los pimientos. Vierta el aceite restante en una fuente refractaria, extienda por encima el resto de la mezcla de hortalizas y coloque los pimientos. Cubra la fuente con papel de aluminio y hornéela durante unos 35 minutos en el centro del horno.

Puede rellenar los pimientos de otras maneras: en lugar de cuscús puede utilizar arroz hervido en caldo de verduras y mezclado con queso de oveja y albahaca.

Ensalada César

con parmesano

Creada en América y todo un clásico desde hace cincuenta años: la lechuga romana con parmesano hace honor al nombre que ostenta.

Ingredientes

1 lechuga romana

3 filetes de anchoa

2 dientes de ajo

1 cucharada de mayonesa

2 cucharaditas de mostaza de

Dijon

3 cucharadas de vinagre de vino

blanco

7 cucharadas de aceite de oliva

sal

pimienta recién molida

50 g de parmesano en un trozo

4 rebanadas de baguette

Preparación

PARA 4 PERSONAS

1 Prepare, lave y centrifugue la lechuga. Corte o rasgue las hojas en trozos del tamaño de un bocado.

2 Enjuague los filetes de anchoa, séquelos y píquelos. Pele los dientes de ajo.

3 Mezcle la mayonesa, la mostaza y el vinagre en un cuenco. Añada poco a poco cuatro cucharadas de aceite. Agregue los filetes de anchoa picados y un diente de ajo también picado. Sazone el aderezo con sal y pimienta.

4 Mezcle la lechuga con el aderezo en un cuenco. Ralle la mitad del parmesano y mézclelo con la lechuga. Corte el queso restante a virutas.

5 Corte el segundo diente de ajo en láminas finas. Caliente el aceite restante en una sartén. Fría los dientes de ajo sin dejar de remover. Fría las rebanadas de baguette en este aceite durante unos cuatro minutos o hasta que estén doradas dándoles la vuelta con frecuencia.

6 Añada las rebanadas de pan a la ensalada junto con las virutas de parmesano.

También puede preparar esta ensalada con picatostes. Éstos también deben freírse en aceite al ajo o dorarse en el horno una vez pincelados con aceite hasta que estén ligeramente dorados.

Ensalada
de hortalizas con alcachofas

Toda una experiencia culinaria: las alcachofas con azafrán y cilantro aportan a las hortalizas una nota inconfundible.

Ingredientes

2 alcachofas

1 cucharada de **zumo de limón**

1 cucharada de **aceite de oliva**

100 ml de **vino blanco seco**

1 pizca de **azafrán**

½ cucharadita de **granos de**

pimienta y ½ de **cilantro**

sal

pimienta recién molida

2 tallos de **apio**

2 **zanahorias**

1 **puerro**

2 dientes de **ajo**

1 **cebolla**

2 **tomates**

unas ramas de **eneldo**, **estragón** y

perejil

Preparación
PARA 4 PERSONAS

1 Corte los tallos y las hojas de las alcachofas, retire las hojas duras exteriores y el heno central. Cuartee los fondos de alcachofa y rocíelos enseguida con zumo de limón.

2 Caliente el aceite, dore brevemente los fondos de alcachofa y agregue el vino blanco. Añada el azafrán, los granos de pimienta y cilantro, así como unos 3 l de agua. Sazone con sal y pimienta y deje hervir unos 20 minutos.

3 Prepare, lave y corte el apio en trozos de 3 cm de longitud. Raspe las zanahorias, divídalas longitudinalmente y córtelas en rodajas no demasiado finas. Prepare y lave el puerro y córtelo también en rodajas.

4 Pele los dientes de ajo y la cebolla y píquelos finamente. Escalde los tomates, pélelos, retire las semillas y córtelos en gajos. Limpie las hierbas, séquelas y píquelas finamente.

5 Añada las hortalizas –a excepción del tomate– a las alcachofas y déjelo hervir todo unos 10 minutos más. Retire las hortalizas del fuego y déjelas enfriar. Tamice el líquido con un cuenco y bátalo con el batidor de varillas. Salpimiente si es necesario.

6 Añada los tomates a las hortalizas, aliñe la ensalada con la salsa y sírvala con las hierbas.

Ensalada de manzana
y nueces con queso azul

Preparación
PARA 2 PERSONAS

1 Corte la manzana por la mitad, descorazónela y corte ambas mitades en gajos finos. Rocíe los gajos inmediatamente con una cucharada de zumo de limón.

2 Lave y seque el perejil. Separe las hojas de los tallos y píquelas finamente.

3 Para el aderezo, mezcle el aceite, una cucharada de zumo de limón, sal, pimienta y perejil.

4 Casque las nueces y píquelas groseramente. Desmenuce el roquefort en trozos pequeños.

5 Reparta los gajos de manzana en dos platos y cúbralos con el queso, las nueces y el aderezo.

Ingredientes

1 **manzana** de piel roja

2 cucharadas de **zumo de limón**

2 ramas de **perejil**

1 cucharada de **aceite**

sal

pimienta recién molida

6 **nueces**

50 g de **roquefort**

Ingredientes

150 g de **judías** tiernas

sal · 1 **pimiento rojo** o **verde**

3 **cebollas** tiernas

4 **tomates** maduros · 2 **huevos duros**

1 **patata** grande hervida y pelada

1 diente de **ajo**

8 filetes de **anchoa** en aceite

50 g de **aceitunas negras**

pimienta recién molida

zumo de 1 **limón** o 2 cucharadas de **vinagre**

6 cucharadas de **aceite de oliva**

8-10 hojas de **albahaca**

Ensalada nizarda
con patatas y anchoas

Preparación
PARA 4 PERSONAS

1 Lave las judías, corte los extremos y hiérvalas en abundante agua salada de 5 a 6 minutos o hasta que estén al dente. Escúrralas en un colador, enjuáguelas con abundante agua fría y déjelas escurrir.

2 Corte el pimiento longitudinalmente, elimine las semillas y córtelo en tiras finas. Prepare y lave las cebollas tiernas y córtelas en rodajas finas. Corte los tomates y los huevos en gajos. Corte la patata a dados.

3 Parta los dientes de ajo y unte con ellos un cuenco grande o una fuente honda. Disponga dentro las judías, el pimiento, las cebollas, los tomates, las patatas y los huevos. Corte las anchoas a tiras y decore la ensalada con las anchoas y las aceitunas.

4 Mezcle la sal, la pimienta, el zumo de limón o el vinagre, incorpore el aceite de oliva y vierta este aliño sobre la ensalada. Decórela con las hojas de albahaca.

Ensalada de espinacas
con judías mantequeras

La **mejor** combinación: esta ensalada con espinacas, judías, coliflor,

aguacate y mandarinas incluso puede sustituir una **comida** caliente.

Ingredientes

200 g de **judías mantequeras**

secas (puestas a remojo desde la

víspera) · **sal**

200 g de ramitos de **coliflor**

zumo de 1 **limón** · 1 **aguacate**

2 **mandarinas** · 2 **cebollas tiernas**

2 **tomates** grandes

4 cucharadas de **semillas de girasol**

1 cucharadita de **mostaza**

3 cucharadas de **vinagre de vino**

blanco

½ cucharadita de **azúcar**

pimienta recién molida

6 cucharadas de **aceite de oliva**

100 g de **hojas de espinaca**

Preparación

PARA 4 PERSONAS

1 Hierva las judías ya remojadas en agua salada de 1½ a 2 horas
o hasta que estén blandas. Cuélelas y déjelas enfriar.

2 Divida la coliflor en ramitos y cuézala en abundante agua salada
y el zumo de medio limón durante unos 8 minutos o hasta que
esté al dente. Escúrrala en un colador, enjuáguela con agua fría
y déjela escurrir.

3 Corte el aguacate por la mitad, deshuéselo, pélelo y córtelo en
trozos grandes. Rocíelo enseguida con el zumo de limón restante.
Pele las mandarinas y divídalas en gajos.

4 Prepare y lave las cebollas tiernas y córtelas en anillos. Escalde
los tomates, sáqueles la piel y las semillas y córtelos en dados
pequeños.

5 Tueste las semillas de girasol en una sartén sin grasa.

6 Para el aliño, mezcle la mostaza, el vinagre, el azúcar, la sal
y la pimienta. Añada el aceite poco a poco sin dejar de batir
con la batidora de varillas y mézclelo con las judías, la coliflor,
el aguacate, las mandarinas, las cebollas tiernas y los tomates.
Déjelo reposar.

7 Prepare y lave las espinacas, centrifúguelas y repártalas sobre los
platos. Disponga la ensalada sobre las espinacas y decórela con las
semillas de girasol.

Pescado

Caballa marinada
con gajos de naranja

Una delicia picante: con chile y ajo, la caballa marinada

tiene un toque ácido gracias a las naranjas.

Ingredientes

2 **caballas** (de 300 g cada una)

1 **chile rojo**

1 diente de **ajo**

1 cucharada de **sal gruesa**

1 cucharadita de **azúcar**

1 cucharadita de **perejil** picado

fino

zumo de 1 **limón** y 1 **naranja**

1 **naranja** cortada a gajos

aceitunas negras

hierbas para decorar

Preparación
PARA 4 PERSONAS

1 Lave las caballas bajo el chorro del agua fría y córtelas a filetes. Para ello, corte la cabeza con un cuchillo afilado justo detrás de las agallas. Luego, corte longitudinalmente a lo largo del lomo y libere una mitad de la espina central. Dé la vuelta al pescado y separe la carne de la espina. Corte los filetes a partir del extremo de la cola.

2 Corte el chile longitudinalmente, elimine las semillas y píquelo finamente. Pele el diente de ajo y píquelo finamente. Mézclelos en un cuenco con la sal y el azúcar.

3 Lave y seque el perejil. Separe las hojas de los tallos y píquelo finamente.

4 Coloque los filetes de caballa con la piel hacia abajo en una fuente. Frótelos con la mezcla de sal y perejil y rocíelos con los zumos de limón y naranja.

5 Una dos filetes de manera que las pieles queden hacia el exterior. Tape las caballas con una película de plástico, ponga encima una tabla y coloque un peso sobre ésta. Deje marinar los filetes en la nevera de uno a dos días.

6 Trocee los filetes y sírvalos con gajos de naranja pelados y aceitunas finamente picadas. Decórelos, si lo desea, con hierbas verdes como cebollino o eneldo.

Pepino relleno
de pescado

Una mezcla refrescante: crujientes troncos de pepino rellenos con una delicada pasta de pescado y dulces y jugosos trozos de melón.

Ingredientes

2 pepinos

100 g de **filete de trucha** ahumado

100 g de **filete de salmón** ahumado

2 cucharadas de **crema** acidificada

3 cucharadas de **zumo de limón**

sal

pimienta recién molida

2 cucharadas de **aceite**

200 g de **melón**

unas **ramas de eneldo**

Preparación
PARA 4 PERSONAS

1 Pele los pepinos, córtelos oblicuamente en troncos de unos 2,5 cm de altura. Saque las semillas con una cuchara y ahuéquelos ligeramente.

2 Pique los filetes de trucha y salmón con un cuchillo o en la picadora. Mézclelos con la crema acidificada y 1 cucharada de zumo de limón y sazónelos con sal y pimienta. Rellene los troncos de pepino vaciados con esta mezcla.

3 Mezcle el zumo de limón restante con la sal, la pimienta y el aceite y rocíe el aliño sobre los pepinos rellenos.

4 Corte el melón en dados pequeños, lave el eneldo y séquelo ligeramente.

5 Sirva los pepinos rellenos con los trozos de melón y el eneldo.

También puede añadir una escalonia finamente picada y un manojo de eneldo a la pasta de pescado. Para que el relleno quede un poco más cremoso puede añadir 2 cucharadas más de crema acidificada.

Ensalada de apio
y frutos de mar

Sabores **mediterráneos:** mariscos frescos macerados
con zumo de limón, aceite de oliva **aromático** y especias.

Ingredientes

1 kg de **mejillones**

500 g de **almejas**

300 g de **pulpitos**

250 g de **gambas** crudas

1/8 de l de **vino blanco seco**

zumo de 2 **limones**

sal

1-2 dientes de **ajo** picados

1 cucharadita de **mostaza**

pimienta recién molida

4 cucharadas de **aceite de oliva**

4 tallos de **apio**

1 manojo pequeño de **perejil**

Preparación

1 Limpie los mejillones y las almejas a conciencia con un cepillo y bajo el chorro del agua fría. Tire aquellos que no estén cerrados. Enjuague los pulpitos y córtelos en trozos. Pele las gambas y retire el conducto intestinal.

2 Ponga a hervir 1/2 l de agua con el vino blanco, el zumo de medio limón y la sal. Hierva los pulpos tapados de 1 a 2 minutos. Retírelos y resérvelos en un cuenco. Hierva después las gambas durante 1 minuto en el mismo líquido y retírelas.

3 Hierva las almejas durante unos 3 minutos en el líquido y retírelas. Sacuda ligeramente el recipiente de vez en cuando para que las almejas se cuezan uniformemente. Abra los mejillones al vapor unos 3 minutos. Retírelos. Tire todas las almejas y los mejillones cerrados y saque los restantes de su concha.

4 Pique los dientes de ajo y mézclelos en un cuenco con los frutos de mar. Mezcle la mostaza, el zumo de limón restante, la sal y la pimienta y agregue poco a poco el aceite. Añada este aliño a los frutos de mar y déjelos marinar unas horas.

5 Lave el apio y córtelo en rodajas finas. Lave y seque el perejil y pique las hojas. Espárzalas sobre la ensalada y sírvala.

44

Carpaccio de pescado
con crema de aguacate

Preparación
PARA 4 PERSONAS

1 Congele ligeramente los filetes de pescado. Córtelos con un cuchillo afilado en lonchas muy finas y dispóngalos sobre platos fríos; sale ligeramente.

2 Mientras tanto prepare la escarola, lávela con agua fría y centrifúguela.

3 Para la crema de aguacate, aplaste medio aguacate en un cuenco con un tenedor y mézclelo con la crema acidificada, el zumo de limón, la mostaza, la mayonesa, la sal y la pimienta hasta obtener una crema homogénea.

4 Disponga la escarola con la crema de aguacate sobre el pescado. Decore con el cebollino.

46

Ingredientes

400 g de **filete de salmón fresco** (u otro

filete de pescado de carne compacta)

sal

1 **escarola**

½ **aguacate**

100 g de **crema acidificada**

1 cucharada de **zumo de limón**

1 cucharadita de **mostaza** semipicante

2 cucharadas de **mayonesa**

sal

pimienta recién molida

unos tallos de **cebollino**

Ingredientes

160 g de **filete de salmón** (sin piel)

zumo de 2 **limones**

sal

pimienta recién molida

3 cucharaditas de **aceite de oliva**

1 **pepino** pequeño

50 g de **patatas** hervidas, peladas y

cortadas en cubitos pequeños

1 cucharadita de **semillas de eneldo**

4 cucharadas de **yogur**

pimienta de Cayena

unas **hojas de eneldo**

Tártaro de salmón
con ensalada de patata y pepino

Preparación
PARA 4 PERSONAS

1 Corte el salmón en dados pequeños y mézclelo con 2 cucharadas de zumo de limón, sal, pimienta y 1 cucharadita de aceite.

2 Pele el pepino, elimine las semillas y córtelo a dados. Ponga una pizca de sal y déjelo escurrir 10 minutos. Pase la mitad del pepino y del zumo de limón y 1 cucharadita de aceite por el pasapurés. Mezcle el resto de estos ingredientes.

3 Mezcle los dados de patata con sal y semillas de eneldo.

4 Coloque un cortapastas circular o un aro sobre el plato, rellene con los dados de salmón marinados, presione ligeramente y retire el cortapastas con cuidado.

5 Corone el tártaro con pepino triturado y ponga a su lado las ensaladas. Decore con una cucharada de yogur, pimienta de Cayena y una hoja de eneldo.

Albóndigas de pescado
ahumado sobre escarola

Un pescado delicioso aromatizado con especias: sin un esfuerzo
excesivo también deleitará a los paladares más exigentes.

Ingredientes

250 g de **esturión** ahumado

50 g de **crema acidificada**

sal

pimienta recién molida

1 cucharada de **eneldo** finamente

picado

50 g de **caviar de salmón**

2 cucharadas de **crema batida**

unas **hojas de lechuga**

(p. ej. escarola)

4 ramas de **eneldo**

Preparación
PARA 4 PERSONAS

1 Si es necesario, elimine la piel y las espinas del pescado ahumado,
córtelo a filetes y trocéelo. Bátalo en el robot con la crema
acidificada hasta obtener una pasta lisa.

2 Sazone la mezcla al gusto con sal y pimienta y, a continuación, con
el eneldo y el caviar de salmón.

3 Mezcle la pasta de pescado con la crema de leche. Sumerja
2 cucharas soperas en agua y utilícelas para formar albóndigas
con la masa.

4 Lave las hojas de lechuga y séquelas. Disponga las albóndigas
de pescado sobre las hojas de lechuga y decórelas con el eneldo
y un poco de caviar de salmón.

**También puede preparar una mousse de
caballa con la misma rapidez: bata 200 g
de pescado con una cucharada de queso
fresco. Sazone con sal, pimienta y
1 cucharada de zumo de naranja e
incorpore 2 cucharadas de crema montada.**

Boquerones
marinados con ajo

Estos boquerones en escabeche resultan imbatibles como aperitivo rápido o tentempié; puede acompañarlos con un vaso de vino blanco fresco.

Ingredientes

750 g de **boquerones** frescos

(limpios)

125 ml de **vinagre de Jerez**

10 dientes de **ajo**

2 manojos de **perejil**

sal

pimienta recién molida

250 ml de **aceite de oliva**

Preparación
PARA 6 PERSONAS

1 Lave el pescado, séquelo y dispóngalo en una fuente. Para la marinada, mezcle el vinagre con 125 ml de agua, viértalo sobre los boquerones y déjelos marinar una hora, aproximadamente.

2 Mientras tanto pele los dientes de ajo y píquelos finamente. Lave el perejil y séquelo ligeramente. Separe las hojas de los tallos y píquelo groseramente.

3 Al cabo de una hora escurra los boquerones de la marinada. Lávelos uno a uno bajo el chorro del agua fría, séquelos y vuélvalos a colocar en la fuente.

4 Salpimiente los boquerones y espolvoréelos con el ajo y el perejil picados.

5 Finalmente, vierta el aceite sobre los boquerones y déjelos marinar una hora más.

Las sardinas también son adecuadas para esta preparación. Deben freírse en aceite y utilizar el mismo aceite junto con ¼ de l de vinagre de vino blanco, ¼ de l de vino blanco, tomillo y perejil.

Blinis
con salmón ahumado

Preparación
PARA 4 PERSONAS

1 Separe los huevos, mezcle la harina, la harina de trigo sarraceno y la sal. Disuelva la levadura en la leche tibia y agréguela a la mezcla de harinas junto con la mantequilla derretida y las yemas de huevo. Mezcle a fondo, tape y deje fermentar durante aproximadamente una hora.

2 Bata las claras a punto de nieve e incorpórelas a la masa justo antes de freírla. Caliente la mantequilla en una sartén. Ponga una porción de masa del tamaño de

1 cucharada sopera en la sartén, aplánela y fríala por ambas caras hasta que esté dorada. Resérvela al calor.

3 Lave el cebollino, séquelo y córtelo en trozos.

4 Para servir, reparta las lonchas de salmón sobre los blinis y decore cada uno con una cucharada de crema acidificada. Finalmente reparta los trozos de cebollino sobre la crema.

Ingredientes

2 **huevos**

40 g de **harina**

60 g de **harina de trigo sarraceno**

sal

10 g de **levadura de panadero** fresca

125 ml de **leche** tibia

2 cucharadas de **mantequilla** derretida

mantequilla para freír

1 manojo pequeño de **cebollino**

400 g de **salmón ahumado** (a lonchas finas)

200 g de **crema acidificada**

Ingredientes

150 g de **atún** (en aceite)

5 cucharadas de **crema acidificada**

1 cucharadita de **zumo de limón**

4 hojas de **gelatina blanca**

125 g de **crema de leche**

sal

pimienta recién molida

unas hojas de **escarola**

arándanos rojos frescos (o en conserva)

Mousse de atún
con arándanos

Preparación
PARA 4 PERSONAS

1 Deje escurrir el atún en un tamiz. Bata el atún en el robot o la batidora eléctrica con la crema acidificada y el zumo de limón.

2 Remoje la gelatina según las instrucciones del fabricante e incorpórela al puré de atún.

3 Bata la crema de leche y mézclela con el atún. Sazónela con sal y pimienta.

4 Forre un molde con película de plástico, vierta dentro la mezcla de atún y alise la superficie. Golpee ligeramente el molde sobre la superficie de trabajo para eliminar las burbujas del aire. Deje enfriar la mousse en la nevera unas horas.

5 Antes de servir, desmolde la mousse y retire la película de plástico. Corte la mousse en porciones, dispóngalas sobre la escarola y esparza los arándanos por encima.

Ensalada
de alubias con atún

No sólo es exitosa en Italia: el atún con alubias
es una tradición deliciosa e insuperable.

Ingredientes

200 g de **alubias blancas** secas

1 hoja de **laurel**

3 dientes de **ajo** pelados

200 g de **judías verdes**

sal · 2 **cebollas rojas**

300 g de **atún** (en aceite)

3 cucharadas de **vinagre de vino blanco**

1 cucharadita de **mostaza** · **azúcar**

pimienta recién molida

6 cucharadas de **aceite de oliva**

2 cucharadas de **perejil** finamente picado

Preparación

PARA 4 PERSONAS

1 Deje las alubias en remojo durante toda la noche en abundante agua. Al día siguiente enjuáguelas y cuézalas con 1 l de agua, la hoja de laurel y 2 dientes de ajo picados durante, aproximadamente, 1½ a 2 horas. Escúrralas y déjelas enfriar.

2 Prepare las judías verdes, corte las puntas y hiérvalas en abundante agua salada durante unos 8 minutos o hasta que estén al dente. Enjuáguelas con agua fría y déjelas escurrir.

3 Pele las cebollas y córtelas en anillos finos. Escurra el atún en un tamiz y divídalo en trozos grandes.

4 Para el aliño, mezcle el vinagre con la mostaza, el azúcar, la sal y la pimienta, mientras añada el aceite poco a poco con una batidora de varillas. Añada los dientes de ajo picados.

5 Mezcle las judías blancas y verdes, la cebolla y el atún. Sazónelo todo con el aliño y el perejil, remueva con cuidado y deje reposar la ensalada antes de servirla.

La ensalada tendrá mejor aroma si añade también dos tomates finamente cortados y dos filetes de anchoa picados. En lugar de perejil utilice albahaca fresca.

54

Carne

Vitello tonnato
con limón

Una **armónica** combinación de carne y pescado: es un entrante
muy apreciado sobre todo si las **temperaturas** son elevadas.

Ingredientes

1 cebolla · 1 zanahoria

2 tallos de **apio**

½ l de **vino blanco seco**

sal

1 kg de **solomillo de ternera**

1 rama de **romero**

2 hojas de **laurel**

3 **yemas de huevo**

200 ml de **aceite de oliva**

zumo de 1 **limón**

4 **filetes de anchoa** (en aceite)

3 cucharadas de **alcaparras**

2 latas de **atún** (en aceite)

pimienta recién molida

algunas **rodajas de limón**

Preparación
PARA 10 PERSONAS

1 Pele la cebolla y córtela a cuartos. Prepare y lave la zanahoria
y el apio y córtelos a trozos. Póngalos a hervir en una cacerola
con el vino blanco, la misma cantidad de agua y un poco de sal.

2 Frote la carne con las hierbas, envuélvala en un lienzo de algodón
y átela con un bramante. Sumerja la carne en el caldo hirviendo,
que debería cubrirla. Déjela cocer a fuego lento durante cerca de
90 minutos. Déjela enfriar en el caldo.

3 Para la salsa de atún, bata las yemas hasta que estén cremosas y
añádales 150 ml de aceite gota a gota sin dejar de batir. En cuanto
obtenga una mayonesa espesa, sazónela con zumo de limón y sal.

4 Triture los filetes de anchoa, una cucharada de alcaparras y el atún
escurrido en la batidora, y añada el aceite restante. Tamice la
mezcla de atún y aceite y mézclela con la mayonesa. Sazónela
con sal y pimienta. En caso de que la salsa sea demasiado espesa,
deslíela con un poco del caldo de cocción.

5 Saque la carne del caldo de cocción una vez fría, desenvuélvala
y córtela en lonchas lo más finas posible.

6 Disponga las lonchas de carne en una fuente grande, cúbralas
con la salsa de atún y decórelas con las alcaparras restantes
y las rodajas de limón.

Canónigos
con hígado de pato

El secreto está en la exótica mezcla: las frutas frescas y dulces dispuestas sobre una ensalada crujiente y acompañadas por el hígado de pato frito.

Ingredientes

300 g de **canónigos**

2 tallos de **ruibarbo**

1 cucharadita de **azúcar**

1 cucharada de **mantequilla**

250 g de **hígado de pato** fresco

sal

pimienta recién molida

2 **higos** frescos

3 cucharadas de **aceite de oliva**

2 cucharadas de **vinagre**

balsámico

Preparación
PARA 4 PERSONAS

1 Elimine las raíces de los canónigos de manera que las hojas aún se mantengan juntas. Lave la ensalada y centrifúguela.

2 Lave bien el ruibarbo y córtelo en trozos. Escáldelos en ½ l de agua hirviendo con azúcar durante 8 minutos. Déjelos escurrir.

3 Derrita la mantequilla en una sartén y dore los hígados de pato por ambas caras durante 3 minutos o hasta que estén dorados. Sazónelos y córtelos a lonchas.

4 Lave los higos y córtelos en gajos grandes. Mezcle el aceite, el vinagre, la sal y la pimienta para el aliño.

5 Reparta los canónigos, los trozos de higo, el ruibarbo y los hígados de pato en cuatro cuencos medianos y rocíe el conjunto con el aliño.

En lugar de utilizar hígados de pato también puede preparar la ensalada con filetes de pechuga de pato. Haga cortes en forma de rombo en la piel de la pechuga, fría la carne por el lado de la piel y déle la vuelta.

Friciule
con salami y jamón

Como agrada a los italianos: el jamón y el salami con su aroma
complementan los cuadraditos de pasta fritos en aceite de hierbas.

Ingredientes

20 g de **levadura**

1 pizca de **azúcar**

250 g de **harina**

1 cucharadita de **sal**

1 cucharada de **aceite de oliva**

aceite de oliva para freír

4 dientes de **ajo**

1 rama de **romero**

150 g de **salami italiano**

200 g de *coppa* (jamón curado

italiano)

Preparación

PARA 4 PERSONAS

1 Mezcle la levadura y el azúcar con ¼ de litro de agua tibia. Mezcle
la harina con la sal y amásela con la levadura disuelta y 1 cucharada
de aceite. Deje fermentar la masa en un lugar templado de
1 a 2 horas o hasta que duplique su volumen.

2 Amase la pasta, extiéndala finamente sobre la superficie de
trabajo ligeramente enharinada y córtela en rombos o cuadrados.

3 Ponga unos 3 cm de aceite en una sartén y caliéntelo. Dore los
dientes de ajo sin pelar y el romero, retírelos y resérvelos.

4 Fría los trozos de masa en el aceite especiado a fuego medio de
5 a 7 minutos o hasta que estén dorados. Durante la fritura se
hinchan hasta formar unos cojincillos.

5 Deje escurrir los *friciule* (cojines de masa) sobre papel de cocina.
Corte el salami y el jamón a lonchas finas. Sirva los cojines
de masa con salami, jamón y dientes de ajo fritos.

El *coppa* no es estrictamente un jamón,
ya que proviene del cuello del cerdo.
La carne magra se sala y cura envuelta
en un lienzo empapado en vino blanco.
También se puede utilizar jamón de Parma.

Broquetas de ave
con aliño de manzana

¿Qué hay más interesante para una barbacoa de verano que unas coloridas broquetas de carne y hortalizas combinadas con un aderezo afrutado?

Ingredientes

200 g de **pechuga de pavo**

6 **cebollas** tiernas

2 **pimientos rojos**

1 **manzana**

2 cucharadas de **zumo de limón**

2 cucharadas de **aceite**

150 g de **crema acidificada**

sal

pimienta recién molida

Preparación
PARA 6 BROQUETAS

1 Si es necesario, elimine la piel y los tendones de la carne y córtela en 12 dados.

2 Limpie las cebollas tiernas y córtelas en 18 trozos. Limpie los pimientos, córtelos longitudinalmente, sáqueles las semillas, lávelos y córtelos en 12 trozos.

3 Lave la manzana, córtela por la mitad y descorazónela. Parta una mitad en 6 trozos y pique la otra finamente. Rocíe la manzana inmediatamente con 1 cucharada de zumo de limón.

4 Salpimiente los cubos de pavo y ensártelos en las broquetas alternándolos con las cebollas, los trozos de pimiento y los gajos de manzana.

5 Caliente el aceite y fría las broquetas.

6 Mezcle la crema acidificada con el zumo de limón restante y los dados de manzana y sazone el conjunto con sal y pimienta. Sirva el aderezo con las broquetas fritas.

En lugar de pechuga de pavo también puede utilizar pechuga de pollo. Como hortaliza alternativa o adicional puede emplear calabacines. Puede sustituir la manzana por una pera.

Carpaccio
con champiñones

Preparación
PARA 4 PERSONAS

1 Envuelva el lomo de ternera en película de plástico y resérvela una hora en el congelador hasta que esté algo congelada y pueda cortarla en lonchas muy finas con un cuchillo afilado o el cortador eléctrico. Aplane las lonchas de carne con un cuchillo y repártalas en cuatro platos grandes.

2 Limpie los champiñones con un paño y córtelos en láminas muy finas. Rocíelos con zumo de limón.

3 Mezcle el vinagre de vino blanco, la sal, la pimienta y el aceite para obtener un aliño. Viértalo sobre los champiñones y déjelos macerar durante unos 10 minutos. Escurra las setas del aliño y repártalas sobre la carne.

4 Vierta el aliño sobre la carne. Lave y seque la albahaca y separe las hojas de los tallos. Decore el *carpaccio* con las hojas. Sírvalo con pan blanco crujiente.

Ingredientes

350 g de **lomo de ternera**

250 g de **champiñones**

zumo de ½ **limón**

3 cucharadas de **vinagre de vino blanco**

sal

pimienta recién molida

4 cucharadas de **aceite de oliva**

1 manojo de **albahaca**

Ingredientes

500 g de **espinacas** frescas

400 g de **carne de cordero** (de pierna o

paletilla)

3 cucharadas de **aceite de girasol**

sal

pimienta recién molida

2 **pomelos**

2 **aguacates** maduros

2 tallos de **apio**

1 diente de **ajo**

5 cucharadas de **aceite de oliva**

zumo de 1 **limón**

Ensalada de cordero y
espinacas con aguacate y pomelo

Preparación
PARA 4 PERSONAS

1 Prepare, lave y deje escurrir las espinacas.

2 Corte la carne de cordero en tiras. Caliente el aceite de girasol en una sartén y dore la carne por ambas caras. Sazónela con sal y pimienta.

3 Pele los pomelos, córtelos en gajos y elimine las membranas. Pele los aguacates, pártalos y córtelos en gajos gruesos.

4 Lave el apio y córtelo en rodajas.

5 Pele el diente de ajo y píquelo. Mézclelo con el aceite de oliva, el zumo de limón, 2 cucharadas de agua, la sal y la pimienta hasta obtener una salsa cremosa.

6 Reparta las espinacas, el aguacate, el apio, los gajos de pomelo y la carne de cordero en cuatro platos grandes y rocíe el conjunto con la salsa.

Áspic de carne
con salsa de yogur

El fino áspic de carne asada, berros y una salsa fresca de yogur
sobre una crujiente ensalada sigue estando de moda.

Ingredientes

300 g de **asado de cerdo** frío

2 **tomates**

½ **pepino**

1 puñado de **berros**

10 hojas de **gelatina**

¼ de l de **caldo de verduras**

2-3 cucharadas de **vinagre**

1 cubito de **caldo**

sal

pimienta recién molida

1 diente de **ajo**

250 g de **yogur** entero

2 cucharadas de **zumo de limón**

1 cucharada de **aceite de oliva**

½ **escarola** · 1 **lechuga**

Preparación
PARA 4 PERSONAS

1 Desgrase la carne y córtela en cubos.

2 Lave los tomates, elimine los tallos y córtelos en rodajas. Pele el pepino, elimine las semillas y córtelo en dados. Corte los berros, lávelos y séquelos.

3 Deje la gelatina en remojo en agua fría. Caliente el caldo de verduras con ¼ de l de agua y el aceite. Añada el cubito de caldo, remueva y si es necesario, salpimiente. Exprima la gelatina y disuélvala rápidamente en el caldo hirviendo para que no se formen grumos. Déjela enfriar ligeramente.

4 Mientras tanto, vierta un poco del líquido en cuatro moldes pequeños y déjelo cuajar. Ponga de 1 a 2 rodajas de tomate en los moldes y reparta la mitad de los berros. Cúbralos con un poco más de gelatina líquida y déjela cuajar nuevamente. Reparta los trozos de asado y de pepino en los moldes y cúbralos con la gelatina restante. Deje cuajar los áspics en la nevera durante unas horas.

5 Pele los dientes de ajo y píquelos finamente. Mézclelos con el yogur, el zumo de limón, el aceite de oliva, la sal y la pimienta hasta obtener una salsa. Separe las lechugas, lave las hojas y centrifúguelas.

6 Desmolde los áspics sumergiendo brevemente los moldes en agua hirviendo. Disponga los áspics sobre las hojas de lechuga y los berros restantes. Sírvalos con la salsa de yogur.

Albóndigas de cordero
con mozzarella

Preparación

PARA UNAS 40 ALBÓNDIGAS

1 Mezcle la carne picada, el huevo, el pan rallado y la crema de leche.

2 Sofría la escalonia en un poco de aceite hasta que esté transparente e incorpórela junto con la cáscara de limón rallada y las hojas de albahaca picadas a la carne. Sazone con sal y pimienta.

3 Saque porciones del tamaño de una cuchara sopera y aplástelas ligeramente con la mano humedecida. Haga un hueco en el centro y coloque una bolita de mozzarella. Forme albóndigas de unos 3 cm de diámetro.

4 Vierta los copos de maíz (*cornflakes*) picados en un plato hondo y reboce las albóndigas. Presione el empanado con las manos para que se adhiera bien.

5 Caliente el aceite a 175 °C, preferiblemente en una freidora, y fría las albóndigas. Sírvalas calientes o frías con salsas de cóctel.

70

Ingredientes

500 g de **carne de cordero** picada · 1 **huevo**

2 cucharadas de **pan rallado**

2 cucharadas de **crema de leche**

1 cucharada de **escalonia** picada

aceite para freír

1 cucharadita de **cáscara de limón** rallada

2 cucharadas de hojas de **albahaca** picadas

sal · **pimienta** recién molida

40 bolitas de **mozzarella**

copos de maíz sin azucarar, picados

Ingredientes

1 **lechuga romana**

200 g de **tomates cereza**

500 g de **pechuga de pollo**

3 cucharadas de **aceite de girasol**

sal

pimienta recién molida

zumo de ½ **limón**

6 rebanadas de **pan blanco**

5 cucharadas de **aceite de oliva**

2 cucharadas de **alcaparras**

2 cucharadas de **vinagre de manzana**

azúcar

Lechuga romana
con pechuga de pollo

Preparación
PARA 4 PERSONAS

1 Elimine las hojas exteriores de la lechuga romana y corte las restantes en trozos grandes. Lávelas y centrifúguelas. Lave los tomates, elimine los tallos y córtelos por la mitad.

2 Corte la pechuga de pollo en dados del tamaño de un bocado. Caliente el aceite de girasol y fría los dados de pollo. Sazónelos con sal y pimienta y rocíelos con zumo de limón.

3 Elimine la corteza del pan blanco, córtelo en dados y fríalos en una sartén con 1 cucharada de aceite de oliva.

4 Lave las alcaparras con agua y deje que se escurran. Prepare una vinagreta con el vinagre, el resto del aceite de oliva, la sal, la pimienta y el azúcar. Añada las alcaparras.

5 Reparta la lechuga, los tomates, los dados de pollo y los picatostes en cuatro platos y alíñelo todo con la vinagreta.

Ensalada de judías
con ciruelas y tocino

Ya eran apreciadas por los antiguos egipcios: las grandes judías
blancas siguen triunfando al prepararse de muchas maneras nuevas.

Ingredientes

600 g de **judías blancas** grandes

(secas)

2 dientes de **ajo**

1 hoja de **laurel**

12 **ciruelas pasas**

1 **cebolla roja**

½ manojo de **perejil**

200 g de **tocino ahumado**

(en lonchas)

1 cucharada de **aceite de girasol**

4 cucharadas de **aceite de oliva**

3 cucharadas de **vinagre balsámico**

sal

pimienta recién molida

Preparación

PARA 4 PERSONAS

1 Deje las judías durante toda la noche en remojo en agua fría,
escúrralas y enjuáguelas. Pele los dientes de ajo y píquelos
groseramente. Ponga a hervir en agua las judías, los ajos y la hoja
de laurel durante 90 minutos. Escúrralos y déjelos enfriar.

2 Deje las ciruelas en remojo en agua durante una hora y escúrralas.

3 Pele la cebolla y córtela en rodajas gruesas. Lave y seque el perejil
y separe las hojas de los tallos.

4 Envuelva cada ciruela en una loncha de tocino y sujete el conjunto
con un palillo. Caliente el aceite de girasol y fría los rollitos a
fuego moderado.

5 Mezcle el aceite de oliva, el vinagre, 2 cucharadas de agua,
la sal y la pimienta para el aderezo. Vierta la salsa sobre las judías,
remueva y déjelas reposar al menos ½ hora. Sazónelas con sal
y pimienta.

6 Reparta las judías en cuatro platos y distribuya por encima las
cebollas y las ciruelas con tocino. Si lo desea, decórelas también
con perejil y sírvalas con pan blanco.

Especialidades

Rollitos de papel
de arroz rellenos de hortalizas

El **aperitivo** también puede ser asiático: deliciosos rollitos de
hortalizas envueltas de manera muy decorativa en **papel de arroz.**

Ingredientes

4 obleas de **papel de arroz**

2 **zanahorias**

1 **lechuga** pequeña

1 **pimiento rojo**

1 cucharada de **vinagre de vino**

blanco

3 cucharadas de **aceite**

sal

pimienta recién molida

1 manojo de **cebollino** (florido)

Preparación
PARA 4 PERSONAS

1 Remoje el papel de arroz entre dos paños de cocina humedecidos.

2 Pele las zanahorias y córtelas en tiras gruesas.

3 Prepare la lechuga y separe las hojas. Lave y centrifugue las hojas.

4 Lave el pimiento, córtelo longitudinalmente, elimine las
membranas y semillas y córtelo a tiras finas.

5 Ponga en un cuenco el vinagre, el aceite, la sal y la pimienta para
el aliño.

6 Coloque de 1 a 2 hojas de lechuga sobre cada oblea de papel
de arroz. Cúbralas con algunas tiras de zanahoria y pimiento,
rocíelas con el aliño y enrolle con cuidado el conjunto doblando
los extremos. Corte cada rollo oblicuamente por la mitad.
Colóquelos en posición vertical sobre los platos. Lave y seque el
cebollino. Átelo en haces pequeños e introdúzcalos en los rollitos.

**Un entrante rápido de hacer y con
el que pueden utilizarse otras verduras
crujientes (como pepino, rábano, cebollas
tiernas, col china o brotes).**

Alcachofas
rellenas al vapor

Una auténtica delicia: estas delicadas
alcachofas llevan un relleno de menta y ajo.

Ingredientes

8 **alcachofas** tiernas (unos 600 g)

2 dientes de **ajo**

unas ramas de **menta**

sal

pimienta recién molida

4 cucharadas de **aceite de oliva**

⅛ de l de **vino blanco seco**

o agua

Preparación
PARA 4 PERSONAS

1 Elimine los tallos de las alcachofas así como las hojas exteriores duras. Corte generosamente las puntas de las hojas restantes con unas tijeras de cocina.

2 Pele el ajo y píquelo finamente. Lave y seque las hojas de menta y córtelas a trozos pequeños. Mezcle el ajo con la menta picada.

3 Coloque las alcachofas de pie sobre la superficie de trabajo y golpéelas ligeramente para que las hojas se separen. Rellene los huecos con la mezcla de ajo y menta y sazone con sal y pimienta.

4 Caliente el aceite en un cazo ancho. Coloque las alcachofas una junto a otra en el cazo y fríalas hasta que estén doradas.

5 Cuando estén fritas, devuélvalas al cazo. Colóquelas de manera que la punta de una toque la base de la contigua. Añada agua o vino tapando el cazo y deje rehogar unos 30 minutos. Si es necesario, agregue un poco más de agua.

Las alcachofas al vapor también pueden servirse como acompañamiento. Sin rellenar, fritas con aceite de oliva y aliñadas con zumo de limón, sal y pimienta, las alcachofas son una auténtica delicia.

Tortillas
con setas y roqueta

Preparación
PARA 2 PERSONAS

1 Mezcle en un cuenco la harina con un poco de sal. Añada de 3 a 4 cucharadas de agua y amase hasta obtener una pasta homogénea. Déjela reposar 15 minutos. Divídala en 4 porciones y extiéndalas sobre la superficie de trabajo enharinada hasta formar tortillas de unos 15 cm de diámetro. Fría cada una en una sartén con un poco de aceite durante 1 minuto por lado o hasta que presenten pequeñas manchas marrones. Resérvelas al calor.

2 Prepare, lave y centrifugue la roqueta y córtela a trozos pequeños. Lave la manzana, córtela por la mitad, descorazónela y trocéela. Reserve la mitad.

3 Mezcle la crema acidificada con 1 cucharada de zumo de limón y 2 cucharadas de aceite de oliva. Pele el ajo, píquelo y añádalo. Sazone con sal, pimienta y pimienta de Cayena.

4 Prepare las setas, córtelas y fríalas en un poco de aceite durante unos 3 minutos. Añada el zumo de limón restante y salpimiente. Extienda la mezcla de crema sobre las tortillas calientes. Reparta la roqueta, los trozos de manzana y las setas sobre las tortillas, enróllelas y córtelas oblicuamente. Distribuya la roqueta y la manzana restante en los platos y disponga encima las tortillas.

Ingredientes

80 g de **harina**

sal

1 manojo de **roqueta**

aceite para freír

1 **manzana**

3 cucharadas de **crema acidificada**

2 cucharadas de **zumo de limón**

2 cucharadas de **aceite de oliva**

1 diente de **ajo**

pimienta recién molida

1 pizca de **pimienta de Cayena**

200 g de **champiñones**

Ingredientes

350 g de **nueces**

350 g de **queso de cabra** fresco

8 cucharadas de **aceite de nueces**

sal

pimienta recién molida

3 cucharadas de **vinagre de frambuesa**

unas **hojas de lechuga** (p. ej. **romana**,

canónigos u **hoja de roble**)

Albóndigas de queso
de cabra recubiertas de nueces

Preparación
PARA 6 PERSONAS

1 Tueste las nueces en una sartén sin grasa y píquelas finamente.

2 Mezcle el queso de cabra con 2 cucharadas de aceite, la sal y la pimienta con un tenedor. Forme bolitas pequeñas (2 cm de diámetro) y rebócelas con las nueces picadas.

3 Para el aliño, mezcle el vinagre de frambuesas con el aceite de nueces y sazone con sal y pimienta.

4 Limpie a fondo las hojas de lechuga, centrifúguelas y repártalas en seis platos. Rocíelas con el aliño y disponga encima las albóndigas.

Tempura
de hortalizas

De origen **japonés,** la tempura es una auténtica delicia culinaria: se coloca sobre la mesa un cazo con aceite y cada persona **fríe** sus hortalizas.

Ingredientes

1 kg de **hortalizas** frescas (p. ej.

berenjena, **brécol, calabacín,**

espárragos verdes, endibia,

hinojo)

10 hojas frescas de **salvia**

1 **huevo**

150 g de **harina**

1 pizca de **levadura en polvo**

aceite para freír

harina para rebozar

Preparación
PARA 4 PERSONAS

1 Prepare y lave las hortalizas, séquelas bien y córtelas en lonchas, rodajas o tiras. Corte el brécol y los espárragos en trozos del tamaño de un bocado y escáldelos brevemente. Cuartee la endibia longitudinalmente. Lave y seque las hojas de salvia.

2 Para la masa de tempura, bata el huevo con ⅛ de l de agua helada y añada la harina tamizada y el polvo de hornear sin dejar de remover. Si es necesario añada un poco más de agua.

3 Caliente el aceite para freír en un recipiente adecuado. Sumerja los trozos de hortalizas en la masa de tempura y fríalos en el aceite hasta que estén dorados y crujientes.

4 Sirva la tempura para acompañar carnes o como aperitivo.

También puede rebozar la verdura en una pasta de vino. Para prepararla mezcle 180 g de harina, ½ cucharada de levadura en polvo y 1 cucharadita de sal, añada ¼ de l de vino blanco helado y 1 clara de huevo batida a punto de nieve.

Tomates
rebozados con perejil

Preparación
PARA 4 PERSONAS

1 Lave los tomates, elimine los tallos y córtelos en rodajas de 1 cm de grosor. Rocíelas con el zumo de limón y sazone con sal y pimienta.

2 Ponga la harina en un plato hondo. Bata los huevos en un segundo plato. Mezcle el pan rallado y las avellanas. Reboce las rebanadas de tomate en harina, luego en huevo y finalmente en el pan rallado.

3 Derrita la mantequilla en una sartén y fría las rodajas de tomate por cada lado de tres a cuatro minutos. Déjelas escurrir sobre papel de cocina.

4 Lave y seque el perejil. Separe las hojas de los tallos y píquelo groseramente. Disponga los tomates rebozados en una fuente y decórelos con el perejil picado.

Ingredientes

1 kg de **tomates** medianos, fuertes

2 cucharadas de **zumo de limón**

sal

pimienta blanca recién molida

75 g de **harina**

2 **huevos** pequeños

50 g de **pan rallado**

1 cucharada de **avellanas** molidas

2 cucharadas de **mantequilla**

½ manojo de **perejil**

Ingredientes

sal

250 g de **harina de maíz**

2 **endibias rojas**

1 diente de **ajo**

2 cucharadas de **aceite de oliva**

4 cucharadas de **tomate** cortado en dados

6-8 hojas de **albahaca**

pimienta recién molida

200 g de **gorgonzola**

Polenta gratinada
con endibia roja

Preparación
PARA 4 PERSONAS

1 Ponga a hervir 1 l de agua salada en la olla más alta de que disponga y añada la harina de maíz poco a poco, sin dejar de remover. Deje hervir la polenta mientras remueve enérgicamente de 35 a 40 minutos a fuego moderado.

2 Vierta la pasta sobre una tabla de madera mojada y extiéndala formando una capa de unos 2 cm de grosor. Alísela y déjela enfriar.

3 Prepare y lave la endibia y córtela en tiras. Caliente el aceite con los dientes de ajo sin pelar y dore brevemente las tiras de endibia. Añada los dados de tomate y las hojas de albahaca cortadas a tiras y sazone con sal y pimienta.

4 Precaliente el grill del horno. Corte la polenta en tiras anchas y distribuya encima las hortalizas y el queso cortado en dados. Gratine unos minutos bajo el grill.

Hojas de parra
rellenas con pasas

No está claro si es de origen griego o turco: las hojas de parra rellenas con piñones y pasas son un manjar de dioses.

Ingredientes

150 g de **arroz** de grano largo

sal

3 cucharadas de **pasas**

3 **cebollas**

1 manojo de **eneldo**

1 manojo de **perejil**

2 cucharadas de **piñones**

5 cucharadas de **aceite de oliva**

pimienta recién molida

1 pizca de **canela** en polvo

5 cucharadas de **zumo de limón**

250 g de **hojas de parra** en conserva

Preparación

PARA 6–8 PERSONAS

1 Vierta el arroz en 3/8 de l de agua hirviendo salada y déjelo cocer durante 15 minutos a fuego lento.

2 Remoje las pasas en agua tibia. Pele las cebollas y píquelas finamente. Lave las hierbas, séquelas y píquelas.

3 Deje escurrir el arroz no cocido del todo en un colador y viértalo en un cuenco. Mézclelo con las pasas escurridas, los piñones, la cebolla y 3 cucharadas de aceite, y sazone con la sal, la pimienta, la canela y 2 cucharadas de zumo de limón.

4 Lave las hojas de parra, sumérjalas brevemente en agua hirviendo y extiéndalas sobre un paño de cocina para que se escurran. Elimine los tallos gruesos y duros.

5 Ponga un poco de mezcla de arroz en el centro de las hojas de parra con una cucharita. Doble los bordes laterales de las hojas hacia el centro y enróllelas desde el extremo del tallo hacia la punta.

6 Coloque los rollos uno junto a otro en un cazo sin dejar espacio entre ellos. Cúbralos con 1/4 de l de agua, el zumo de limón restante y el aceite y comprímalos con un plato. Déjelos cocer a fuego lento durante 1 hora. Los rollos deben absorber prácticamente toda el agua. Sírvalos tibios o fríos.

Rollitos de primavera
con salsa agridulce

Preparación
PARA 4 PERSONAS

1 Descongele la pasta para los rollitos. Deje las setas en remojo en agua tibia unas 2 horas y córtelas en tiras finas. Corte la carne en lonchas de 1 cm y enharínelas. Escurra los brotes de bambú y córtelos en tiras junto con la zanahoria limpia. Lave las hierbas y pique las hojas gruesas.

2 Caliente 2 cucharadas de aceite en una sartén y dore las tiras de bambú y zanahoria, moje con salsa de soja y rehogue durante 3 minutos.

3 Fría la carne en 1 cucharada de aceite y añada luego el caldo. Añada las verduras y las hierbas y espese la salsa con la maicena. Extienda la mezcla a lo largo de las láminas de pasta. Doble los bordes hacia dentro, enrolle y ate los rollitos con tiras de cebollino. Colóquelos en una vaporera y cuézalos al vapor unos 8 minutos con la vaporera sobre un wok o una cacerola, con un poco de agua.

4 Vierta los ingredientes restantes en un cazo pequeño y hierva la salsa durante unos 8 minutos.

Ingredientes

14 láminas de **pasta de rollitos de primavera** congeladas · 3 cucharadas de **setas chinas** secas

150 g de **solomillo de cerdo** · 1 cucharada de **harina** · 100 g de **brotes de bambú** (en conserva)

1 **zanahoria** · 2 ramas de **albahaca** y 2 de **menta**

3 cucharadas de **aceite**, 3 de **salsa de soja** y 5 de **caldo de verdura** · 1 cucharadita de **maicena** · 1 manojo de **cebollino**

Para la salsa: 2 **tomates** pelados picados

2 dientes de **ajo** picados · 150 ml de **caldo de carne** · 1 cucharada de **salsa de soja** clara, 4 de **azúcar** y 2 de **vinagre blanco**

sal · **pimienta**

Ingredientes

6 **chirivías** medianas, peladas

1 cucharada de **aceite de oliva**

harina · 2 **huevos** · **pan rallado**

aceite para freír

2 cucharadas de **zumo de limón**

75 g de **roquefort**

1 cucharadita de **estragón** fresco picado

150 g de **crema acidificada**

2 cucharadas de **crema de leche**

sal · **pimienta** recién molida

unas **hojas de lechuga** (en tiras anchas)

2 **peras** maduras · 1 **cebolla roja**

Chirivías rebozadas
con ensalada de peras

Preparación
PARA 6 PERSONAS

1 Pincele las chirivías con aceite y hornéelas en una fuente refractaria durante unos 30 minutos en el horno precalentado a 180 °C. Retírelas, déjelas enfriar y córtelas en trozos alargados de sección cuadrada.

2 Ponga por separado en platos hondos la harina, los huevos batidos y el pan rallado. Reboce las chirivías con la harina, el huevo y el pan rallado y fríalas en el aceite caliente hasta que estén doradas. Escúrralas y resérvelas al calor.

3 Para el aliño, mezcle el zumo de limón, el roquefort desmenuzado, el estragón picado, la crema acidificada y la crema de leche en un cuenco pequeño y tamice la mezcla. Sazónela con sal y pimienta.

4 Reparta las hojas de lechuga sobre cuatro platos. Pele las peras, cuartéelas y elimine las semillas. Pele la cebolla y córtela a tiras. Reparta la pera, la cebolla y el aliño sobre la lechuga y cúbralo todo con las chirivías rebozadas.

Rollitos de pollo
tailandeses con mojo de chile

No sólo son apetitosos a la vista, sino que se comen fácilmente.
Estos rollitos de pollo especiados deben mojarse en un mojo picante.

Ingredientes

17 láminas de **pasta de rollitos**

de primavera congeladas

2 **chiles rojos** · 50 g de **azúcar** · **sal**

1 cucharada de **vinagre de arroz**

3 **cebollas** tiernas · 3 dientes de **ajo**

1 tallo de **hierba limonera**

2 cucharaditas de **cáscara**

de limón rallada

2 cucharaditas de **pasta de gambas**

1 cucharada de **aceite**

500 g de **filetes de pechuga de**

pollo finamente picados

3 cucharadas de **salsa de pescado**

4 cucharadas de **salsa de soja**

pimienta recién molida

38 tallos de **cebollino**

aceite para freír

Preparación
PARA 4 PERSONAS

1 Coloque las láminas de pasta una junto a otra y deje que se descongelen. Recorte 32 tiras estrechas de una lámina.

2 Corte los chiles longitudinalmente, elimine las semillas y córtelos en trozos pequeños. Ponga a hervir 3 cucharadas de agua con 40 g de azúcar hasta obtener un almíbar claro, sazónelo con sal, vinagre y un chile picado, y déjelo enfriar.

3 Prepare y lave las cebollas tiernas y píquelas finamente. Pele el ajo y píquelo finamente. Elimine las hojas exteriores y la mitad superior de la hierba limonera y píquela finamente. Mezcle las cebollas tiernas, el ajo, la hierba limonera, el segundo chile, la ralladura de limón y la pasta de gambas.

4 Caliente el wok y añada el aceite. Dore la mezcla sin dejar de remover. Añada la carne de pollo hasta que esté dorada. Sazone el conjunto con la salsa de pescado, el azúcar restante, la salsa de soja, la sal y la pimienta.

5 Reparta esta mezcla sobre las láminas de pasta, enróllelas y ate los bordes laterales primero con la tira de pasta y luego con el tallo de cebollino.

6 Caliente el aceite en una freidora y fría los rollitos de pollo de 3 a 4 minutos hasta que estén dorados. Acompáñelos con la salsa de chile.

Bruschetta
con aceitunas y anchoas

Preparación
PARA 10 PERSONAS

1 Precaliente el horno a 200 °C. Corte las *baguettes* oblicuamente en 20 rebanadas.

2 Parta los dientes de ajo y frote con ellos las rebanadas de pan. Dórelas ligeramente durante 5 minutos en el horno y déjelas enfriar.

3 Escalde los tomates, pélelos, salpiméntelos y rocíelos con el aceite de oliva.

4 Prepare, lave y centrifugue la roqueta y trocéela.

5 Distribuya la roqueta sobre las rebanadas de pan y cúbrala con los tomates. Pique groseramente las aceitunas y repártalas sobre los tomates junto con los filetes de anchoa.

Ingredientes

1-2 *baguettes*

2 dientes de **ajo**

500 g de **tomates cereza**

sal

pimienta recién molida

1 cucharada de **aceite de oliva**

75 g de **roqueta**

15 g de **aceitunas negras** deshuesadas

20 **filetes de anchoa** (en aceite)

Ingredientes

600 g de **patatas**

1 **cebolla**

300 g de dientes de **ajo**

6 cucharadas de **aceite de oliva**

½ cucharadita de hojas de **tomillo** frescas

100 g de **aceitunas rellenas de pimiento**

8 **huevos**

sal

pimienta recién molida

Tortilla de patatas
y aceitunas

Preparación
PARA 4 PERSONAS

1 Pele y lave las patatas y córtelas en rodajas finas. Pele la cebolla y los ajos y córtelos finamente.

2 Caliente 3 cucharadas de aceite y sofría los dados de cebolla y ajo hasta que estén transparentes. Añada entonces las patatas y el tomillo y fría hasta que las patatas estén blandas. Añada las aceitunas cortadas en rodajas.

3 Bata los huevos en un cuenco grande y salpimiéntelos. Añádalos a la sartén con las patatas y deje cuajar la tortilla tapada a fuego lento durante unos 5 minutos.

4 Dé la vuelta a la tortilla con la ayuda de una tapadera o un plato. Vierta el aceite restante en la sartén y fría la segunda cara de la tortilla. Una vez fría, córtela en trozos del tamaño de un bocado.

Enchiladas
con jamón y hortalizas

Y finalmente un toque mexicano: quien aún no conozca
las enchiladas rellenas, debe probarlas al menos una vez.

Ingredientes

Para las enchiladas:

100 g de **harina de maíz**

100 g de **harina de trigo** · sal

50 g de **espinacas**

50 g de **zanahorias**

aceite para freír

Además:

2 **zanahorias** · 2 **tomates**

1 **calabacín** pequeño

unas hojas de **lechuga** y **escarola**

1 cucharada de **zumo de limón**

3 cucharadas de **aceite de oliva**

salsa Tabasco · sal

pimienta recién molida

6 lonchas de **jamón cocido**

6 lonchas de **jamón serrano**

Preparación
PARA 4 PERSONAS

1 Para la pasta, mezcle la harina de maíz con la de trigo con un poco de sal y 200 ml de agua y amase hasta obtener una pasta húmeda y blanda. Déjela reposar tapada durante unos 15 minutos.

2 Lave las espinacas, póngalas con su propia agua en una cacerola caliente y deje que reduzcan de volumen. Sáquelas, enjuáguelas con agua fría y deje que se escurran y enfríen. Redúzcalas a puré con la batidora eléctrica. Pele las zanahorias, píquelas groseramente y blanquéelas en agua salada durante unos 8 minutos. Enjuáguelas con agua fría, déjelas escurrir y páselas por el pasapurés.

3 Divida la pasta en tres partes. Mezcle una tercera parte con el puré de espinacas y otra con el puré de zanahoria. Divida cada tercio en dos mitades. Extienda cada porción de pasta con el rodillo hasta obtener una tortilla fina y redonda. Fríala en un poco de aceite entre medio minuto y un minuto por cara o hasta que se formen pequeñas manchas marrones. Resérvelas al calor.

4 Pele las zanahorias y córtelas en tiritas finas. Escalde los tomates, pélelos, elimine las semillas y córtelos en tiras. Lave el calabacín y córtelo en rebanadas delgadas.

5 Prepare, lave y centrifugue la lechuga. Mezcle el zumo de limón con el aceite de oliva, añada un poco de salsa Tabasco, sal y pimienta.

6 Rellene las tortillas con la lechuga, el jamón, la zanahoria, el tomate y el calabacín. Rocíe la mezcla con la salsa, enrolle las tortillas y sírvalas cortadas oblicuamente por la mitad.